VINCENT VAN GOGH.
EL GRAN ARTISTA INCOMPRENDIDO

© Shackleton Books, S.L.

© de las ilustraciones, Ángel Coronado y Oriol Roca

© de los textos, Fran Nuño

Primera edición en Shackleton Kids, septiembre de 2020

Segunda edición en Shackleton Kids, noviembre de 2022

Tercera edición en Shackleton Kids, mayo de 2023

Cuarta edición en Shackleton Kids, mayo de 2024

Quinta edición en Shackleton Kids, marzo de 2025

Shackleton Kids es el sello infantil de la editorial Shackleton Books, S. L.

Coordinación y supervisión de las ilustraciones:
Peekaboo Animation, S. L.

Realización editorial:
Bonalletra Alcompas, S. L.

Diseño de cubierta:
Pau Taverna

Diseño de colección:
Elisenda Nogué (www.metagrafica.com)

Maquetación:
reverté-aguilar

© **Fotografías:**
todas las imágenes son de dominio público a excepción de las de Dennis van de Water/Shutterstock, I, Sailko [CC BY-SA 3.0]/Wikimedia Commons.

ISBN: 978-84-18139-24-6
DL: B 2743-2020
Impresión: Macrolibros (España).

Nota de los editores

Cualquier forma de reproducción, distribución, comunicación pública o transformación de esta obra solo puede ser realizada con la autorización de sus titulares, salvo excepción prevista por la ley. Diríjase a CEDRO (Centro Español de Derechos Reprográficos, www.cedro.org) si necesita fotocopias, escanear o hacer copias digitales de algún fragmento de esta obra.

Está rigurosamente prohibida, sin autorización escrita de los titulares del Copyright, bajo las sanciones establecidas por la ley, la reproducción parcial o total de esta obra por cualquier medio o procedimiento, incluidos la reprografía o el tratamiento informático, así como la distribución de ejemplares mediante alquiler o préstamo públicos.

VINCENT VAN GOGH

El gran artista incomprendido

Ve a la última página y descubre contenido y actividades extra.

Mis pequeños
HÉROES

¿Te gusta la pintura? A mí me gustaba mucho, aunque decidí dedicarme a ella en cuerpo y alma cuando tenía 28 años. Quizá pasó bastante tiempo hasta que encontré mi verdadera vocación, pero nunca es tarde para cumplir los sueños que guardamos en nuestro interior.

   Me llamo Vincent van Gogh y, a pesar de que hoy se me considera uno de los pintores más famosos de la historia del arte y mis cuadros se exponen en los mejores museos del mundo, durante mi vida apenas logré vender unos pocos cuadros. Fui un artista pobre e incomprendido. Aun así, en ningún momento abandoné la pintura. ¿Sabes por qué? Porque para mí pintar era una necesidad: la única manera que tenía de expresar mis sentimientos. Si quieres saber cómo lo hice, te invito a que pasees por estas páginas.

Esta es mi historia.

Nací en 1853 en Zundert, un pueblecito holandés. Era el mayor de seis hermanos. Aunque los quería mucho a todos, con quien tuve una relación más especial a lo largo de mi vida fue con Theo.

Fui un niño muy imaginativo. Me pasaba las horas con lápices y hojas entre las manos, y en las clases de dibujo de la escuela disfrutaba mucho aprendiendo. También me gustaba pasear por el campo y observar todo lo que iba encontrando a mi alrededor: incluso sabía los nombres de las aves que veía volar y anidar en los árboles.

—*¿Por qué me miras tan fijamente, Vincent?*

—*Porque se te ha posado un pajarito en el hombro, Theo. No lo espantes, que quiero recordarlo bien para poder dibujarlo después.*

Aquella vida me gustaba mucho. Sin embargo, como mis padres querían que estudiara en buenos colegios, a los 11 años me enviaron a un internado. Lejos de casa, me sentía muy triste. Añoraba a mi familia y la vida en el pueblo, los paseos por el campo, jugar con Theo...

Seguramente por ese motivo no fui un buen alumno, y dejé los estudios a los 15 años. Eso sí, los idiomas se me daban muy bien y aprendí a hablar y escribir en alemán, francés e inglés. Algo a lo que le sacaría bastante provecho en el futuro.

—I've missed you so much.

—¿Qué dices, hijo?

—Mamá, he dicho en *inglés* que *os he echado mucho de menos*.

Como había abandonado los estudios, me tocaba ponerme a trabajar. Así que, al poco tiempo, comencé a echarle una mano a uno de mis tíos en su galería de arte, en La Haya. Allí tenía que relacionarme con mucha gente que venía a comprar estampas, dibujos y cuadros y eso me costaba un enorme esfuerzo, porque yo era un chico tímido y poco hablador.

Lo bueno es que, después del trabajo, tenía tiempo para leer, pasear por la ciudad y visitar sus museos, que me encantaban.

Sin embargo, terminé dejándolo. Y lo mismo me ocurrió con otros trabajos, lo que me hizo sentir muy triste y deprimido. Me parecía que no encajaba en ningún sitio. Fue entonces, ya con 28 años, cuando descubrí para qué había nacido: ¡para pintar!

—*¿Dónde vas con esos lienzos y pinceles, Vincent? Ganarse el sustento pintando es muy complicado.*

—*No me importa, porque ahora sé que la pintura es mi vida.*

Con mis útiles de pintura y mis ganas de crear me fui a pasar una temporada al campo. Deseaba pintar paisajes y a campesinos labrando, recogiendo los frutos o trabajando de sol a sol. Quería reflejar en mis cuadros la dureza de su oficio, y mostrar cómo vivían en la más cruda pobreza.

Fue entonces cuando pinté cuadros como *Los comedores de patatas*, una pintura oscura en la que, en una pequeña habitación, diversas personas comen patatas alrededor de una mesa.

—Si quieres, te puedes sentar a la mesa con nosotros, Vincent.
—Muchas gracias, señora. Estaba pensando en pintar esta escena.
—Bueno, pero ahora lo que tienes que hacer es probar estas patatas.
—Mmm... ¡Están deliciosas!

Aunque me encontraba muy a gusto en el campo, sentía que debía perfeccionar mi técnica, probar nuevos estilos y ver más pinturas. Así que, en 1886, tras pasar un año estudiando arte en Bélgica, me fui a vivir a París, a la casa de mi hermano Theo. Allí abandoné los tonos oscuros de mis cuadros anteriores y empecé a trabajar con el color y la luz.

Pinté escenas y paisajes de la ciudad, pero también quería retratar a personas. Como no podía pagar a modelos que posaran para mí, se me ocurrió practicar retratándome a mí mismo. Pinté bastantes autorretratos: yo frente al caballete, yo con un sombrero gris, yo con otro de paja, yo con y sin barba…

—¿*No te cansas de pintarte, hermano?*

—*No, Theo, porque me sirve de ensayo para cuando pueda retratar a personas que posen para mí.*

En la capital francesa tuve la oportunidad de conocer a muchos artistas, entre ellos a Pissarro, Cézanne, Toulouse-Lautrec, Degas, Bernard, Anquetin, Gauguin... Nos reuníamos en cafeterías y hablábamos durante toda la tarde sobre el arte y la forma de pintar de cada uno de nosotros.

Aunque aquellos grandes pintores admiraban mi obra y me animaban a seguir pintando, la verdad es que no lograba vender

ni un solo cuadro, lo que empezó a entristecerme. No conseguía entender por qué el público rechazaba mis pinturas.

—Amigos, después de mucho pensarlo, he tomado una difícil decisión.
—Oh, a ver, qué será... ¿Vas a cambiar de tipo de pinceles?
—No, Gauguin, no es una broma. Voy a dejar París.

De pronto, se quedaron todos en silencio.

Tras casi dos años viviendo en París, lo que más deseaba era huir de mi tristeza. Por eso elegí trasladarme a Arlés, un bonito pueblo en el sur de Francia. Quería hallar un lugar donde el sol brillara de una forma especial e hiciera que los colores destacaran.

Allí alquilé una casa, a la que llamaban «La casa amarilla», por el color de su fachada. Una vez instalado en mi nuevo hogar, volví a pintar y pintar: calles, campos, puentes... Incluso pinté mi habitación, y también a la gente que iba conociendo.

—Señor cartero, ¿le importa que lo retrate?

—Bueno, pero va a ser un cuadro muy grande, porque mido más de dos metros.

Poco tiempo después recibí la visita de mi amigo Gauguin. Deseaba darle una sorpresa, así que decoré su habitación con varios cuadros míos. En cada uno de ellos había pintado un jarrón con girasoles. ¡Mis célebres girasoles!

Aunque al principio Gauguin y yo lo pasamos muy bien compartiendo nuestro arte, terminamos discutiendo mucho. Al final, él decidió marcharse y yo me alteré tanto que en un arrebato nervioso me corté parte de una oreja. ¡Qué daño! Hasta tuve que pasar unos días en el hospital...

—Señor Van Gogh, ¿ya está de nuevo con sus pinceles? ¿Va a pintarse con la venda en la cabeza?

—Sí, algo así no podía faltar en mi colección de autorretratos, ¿no cree?

Tras salir del hospital, empecé a sentirme más solo y triste que nunca. Casi todos los vecinos de Arlés me miraban de una manera extraña y empezaron a darme de lado.

—*Mira, ahí va el loco del pelo rojo.*

—*Sí, sí, mejor entremos en casa.*

Intentaba no hacerles caso, pero cada vez me costaba más controlar mis pensamientos. Así que decidí ingresar en un sanatorio para intentar recuperarme.

Lo único que alegraba mis días allí eran las cartas de Theo. Recuerdo una que me hizo sonreír por primera vez en mucho tiempo. En ella, Theo me animaba a seguir pintando, ya que algunos de mis cuadros habían sido expuestos en París y Bruselas y... ¡por fin se había vendido uno!

Aquella noticia me puso tan contento que rápidamente fui a por mis pinceles y mi paleta para seguir pintando más y más cuadros.

Después de un año en el sanatorio, me fui a vivir al norte de París, a un pueblo llamado Auvers. Ya me encontraba mejor, y allí, bajo la atención del doctor Gachet, un gran aficionado al arte al que también retraté, seguí trabajando con las mismas ganas de siempre. ¡Pintaba un cuadro por día!

Theo se había casado y fue padre de un niño al que le pusieron mi nombre, algo que me hizo mucha ilusión. Estar tan cerca de mi hermano, a solo una hora de viaje en tren, me hacía sentir más tranquilo, pues sabía que podíamos vernos cuando quisiéramos.

—¿Te imaginas que el pequeño Vincent también quisiera ser pintor?

—Entonces, Theo, espero que le vaya mucho mejor que a su tío.

—Querido hermano, tus cuadros y tú vais a pasar a la historia, de eso nunca he tenido la menor duda.

Sin embargo, un tiempo después, la tristeza volvió a apoderarse de mí, y mi estado empeoró nuevamente.

Una noche de verano regresé a casa gravemente herido. Había recibido un disparo en el pecho. Lo que ocurrió realmente sigue siendo un misterio, y así prefiero que quede para siempre.

Intentaron curarme por todos los medios, pero dos días más tarde fallecí en brazos de Theo. Era el 29 de julio de 1890. Solo tenía 37 años y dejaba al mundo más de dos mil obras, entre dibujos y cuadros.

Unas décadas más tarde, los coleccionistas y conocedores del mundo del arte empezaron a interesarse por mi trabajo. Se pagaron cifras increíbles por mis cuadros, y todos los grandes museos internacionales querían tener alguno de ellos en sus paredes. Mi hermano no se había equivocado: mis obras y yo pasamos a la historia.

Me llamo **Vincent van Gogh** y esta fue mi historia. Me habría gustado vivir más tiempo para seguir expresándome a través de los pinceles y los lápices. También habría querido sentirme más comprendido por los demás. Pero no me quejo, porque la pintura me dio enormes satisfacciones.

Llegaron a llamarme «El loco del pelo rojo», pero hoy se me considera un genio de la pintura, y cuatro de mis cuadros han sido, en distintos momentos, los más caros de la historia. Pero mi arte siempre estuvo por encima del dinero y del éxito o el fracaso. Yo creaba mis obras simplemente porque esa era mi forma de entender la vida.

Espero que tú, tal como hice yo, descubras tu verdadera vocación y que, pase lo que pase, nunca pierdas la ilusión de seguir aprendiendo y profundizando en ella.

VINCENT VAN GOGH: ESTA ES SU HISTORIA

Vincent van Gogh nació en Zundert, Holanda. Era el mayor de seis hermanos y con el que mejor se llevaba era con Theo. No se le daban muy bien los estudios y los abandonó a los 15 años, pero enseguida se puso a trabajar en una **GALERÍA DE ARTE.** No le fue muy bien. Si no le gustaba un cuadro ¡no intentaba vendérselo a los clientes! Así que lo acabó dejando.

Tras probar varios trabajos se dio cuenta de que quería pintar. En 1886 se mudó a París con su hermano Theo. Allí entabló amistad con grandes pintores como Paul Cézanne y Paul Gauguin. Sin embargo, no terminaba de sentirse a gusto y no conseguía que nadie comprara sus cuadros, lo cual le entristecía, por lo que decidió marcharse a **ARLÉS,** un pueblo del sur de Francia.

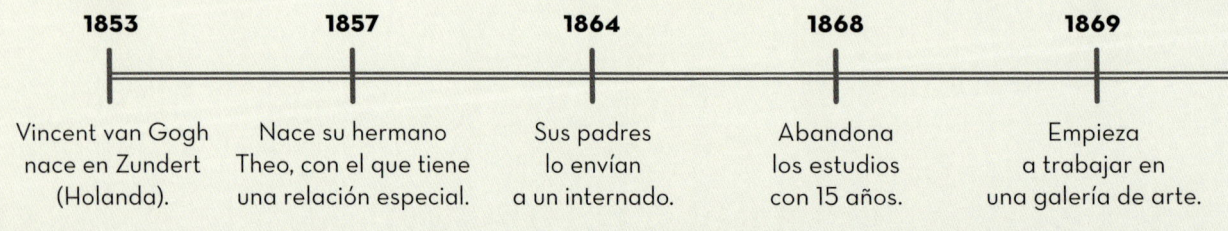

1853 — Vincent van Gogh nace en Zundert (Holanda).

1857 — Nace su hermano Theo, con el que tiene una relación especial.

1864 — Sus padres lo envían a un internado.

1868 — Abandona los estudios con 15 años.

1869 — Empieza a trabajar en una galería de arte.

Vincent pudo presentar su obra en pocas ocasiones mientras vivía. La primera vez fue en París, donde expuso *La noche estrellada* e *Iris*, pero no vendió ninguno. Su primera venta se produjo al año siguiente en una exposición en Bruselas, cuando una pintora y coleccionista de arte compró **EL VIÑEDO ROJO.** ¡Nadie quería sus cuadros entonces y hoy en día tienen un valor incalculable!

Pero las cosas no salieron del todo bien, ya que allí tuvo lugar un suceso terrible. Su amigo Gauguin lo fue a visitar durante un tiempo, y un día tuvieron una fuerte discusión. Van Gogh perdió los papeles y acabó cortándose parte de una oreja. Llegó incluso a hacerse un **AUTORRETRATO** con la herida vendada. A partir de ahí cada vez se sintió peor, hasta el punto de que tuvo que ingresar en un hospital para enfermos mentales.

El 29 de julio de 1890 Vincent van Gogh murió. Pero no su obra: nos dejó alrededor de 900 pinturas y 1600 dibujos llenos de color que expresaban su visión única del mundo. Aunque en vida casi nadie lo conocía y apenas vendió cuadros, hoy se lo considera uno de los **GRANDES** pintores de la historia.

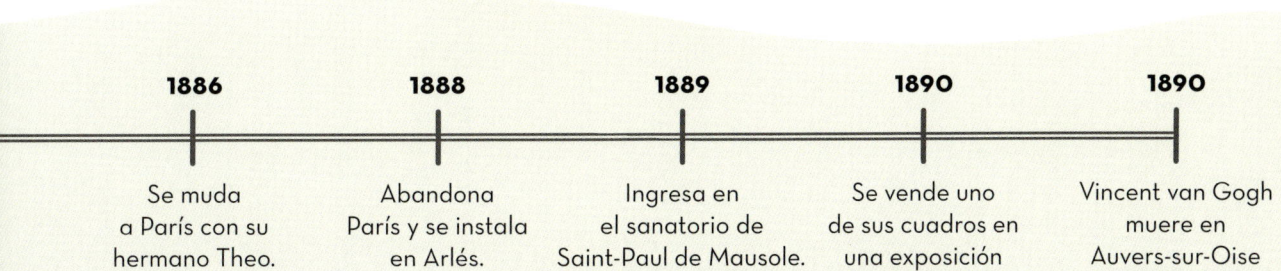

1886	1888	1889	1890	1890
Se muda a París con su hermano Theo.	Abandona París y se instala en Arlés.	Ingresa en el sanatorio de Saint-Paul de Mausole.	Se vende uno de sus cuadros en una exposición en Bruselas.	Vincent van Gogh muere en Auvers-sur-Oise (Francia).

¿QUIERES SABER MÁS?

«Sueño con pintar,
y luego pinto mis sueños».
Vincent van Gogh

LOS IMPRESIONISTAS

Vincent van Gogh conoció en París a muchos otros pintores que también son muy famosos en la actualidad. Por ejemplo, Pissarro o Cézanne, que pertenecían a una corriente artística llamada impresionismo. Hasta entonces, los artistas habían intentado representar el mundo dibujando las formas y los objetos que veían de la manera más realista posible, pero para los impresionistas eso no era lo más importante. Lo que ellos intentaban era plasmar la luz del mundo que los rodeaba, y por eso sus cuadros a veces parecen borrosos o no muestran demasiados detalles de las figuras o paisajes que representan. Dicen que el nombre de «impresionismo» surgió del cuadro de Monet *Impresión, sol naciente*, que puedes ver en la imagen.

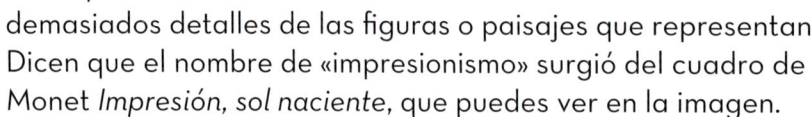

UN PINTOR MUY PROLÍFICO

Vincent pintó unos 900 cuadros e hizo 1600 dibujos... ¡en tan solo diez años! Empezó a pintar cuando tenía 28 años, pero lamentablemente falleció muy joven, a los 37. Esto quiere decir que estuvo en activo durante muy poco tiempo. Si echamos cuentas, pintaba de media unos dos cuadros a la semana, ¡y eso sin incluir los dibujos! Se pasaba el día trabajando e incluso se dice que se colocaba velas en su sombrero de paja para poder pintar también por las noches. Entre todos esos cuadros había más de treinta autorretratos, pero, en cambio, casi no se conserva ninguna foto de él. Y eso que, en aquella época, ya había cámaras.

LOS CUADROS MÁS CAROS DEL MUNDO

Hay muchos artistas —y no solo pintores— a los que les pasa lo mismo que a Van Gogh. En vida son unos incomprendidos, nadie reconoce su trabajo y sobreviven a duras penas, pero poco después de morir el mundo se da cuenta de su genialidad. En 1990, un cuadro de Van Gogh, *El doctor Paul Gachet*, ¡se compró por casi 75 millones de euros! Y eso que mientras vivía vendió poquísimos cuadros. El cuadro más caro de la historia, sin embargo, es el que puedes ver en la imagen: *Salvator Mundi*, de Leonardo da Vinci, que se vendió por más de 400 millones de euros en 2017. De todas formas, la mayoría de las grandes obras maestras se encuentran en museos y no están a la venta, ¡así cualquiera puede ir a disfrutarlas!

Shackleton KIDS

La editorial de los pequeños exploradores

En **Shackleton Kids** queremos que nuestros libros sean mucho más que libros. Escanea los códigos QR y disfruta de todo un mundo de contenido extra con el que descubrirás que aprender es la aventura más divertida.

Descubre la versión animada del libro en nuestro canal de YouTube.

En casa o en el cole, sigue aprendiendo y divirtiéndote con nuestro contenido extra: pasatiempos, quiz, ejercicios...

 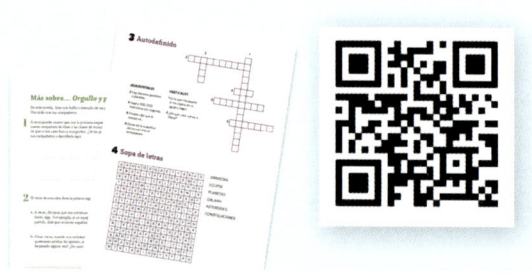

Si te ha gustado *Vincent van Gogh*,
descubre más títulos de la colección

Mis pequeños HÉROES

Los verdaderos héroes de la historia

 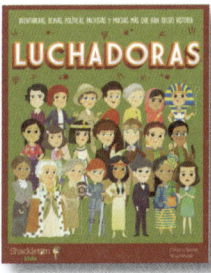  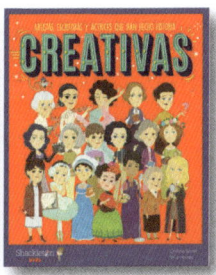

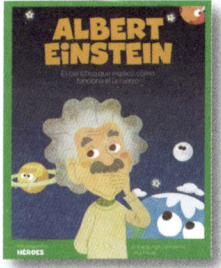  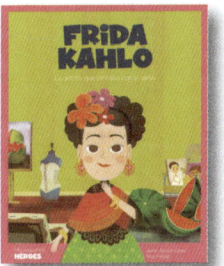 

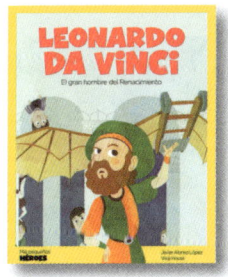 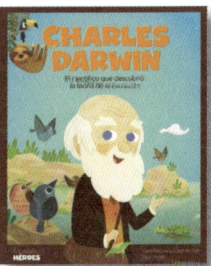  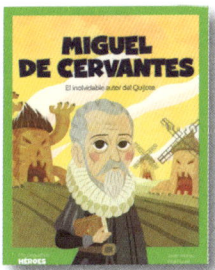

¡Y mucho más en nuestra web!

shackletonkids.com

@shackletonkids